김나영

수작

애지시선 034

수작

2010년 10월 30일 초판 1쇄 발행

지은이   김나영
펴낸이   윤영진
편   집   함순례
디자인   함광일 이경훈
홍   보   한천규
펴낸곳   도서출판 애지
등록   제 2005-5호
주소   300 -170 대전광역시 동구 삼성동 125-2 4층
전화   042 637 9942
팩스   042 635 9941
전자우편   ejiweb@hanmail.net

ⓒ김나영 2010
ISBN 978-89-92219-28-0 03810

* 저자와의 협의에 의해 인지를 생략합니다
* 이 책 내용의 전부 또는 일부를 재사용하려면 저자와 애지 양측의
  동의를 받아야 합니다
* 이 책은 2008년도 한국문화예술위원회 창작지원금을 받았습니다

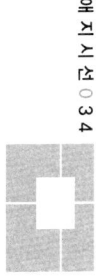

수작

김나영 시집

□ 시인의 말

내 시가 심입천출(深入淺出)하기를 바랬다

의도가 앞서고 얕은 수작만 늘었다

나 살아가는 일이 이와 다를 바가 없겠다

써도써도 엄살만 같은 시들

내 죄가 깊다

2010년 가을
김나영

차례

시인의 말　005

제1부
활　013
바위　014
목련과 그믐달　015
연장론　016
유월　018
민들레　019
그때 나는 엘리베이터를 탔다　020
사춘기　022
행복한 가족　024
네트워크　026
이사　027

바람의 후예　028
봄　030
축제　031
사랑에 부쳐　032

제2부

아욱꽃　035
동의어同義語에 관한 답사기踏査記　036
에덴의 동쪽　038
브래지어를 풀고　040
뱅뱅 사거리　042
그때 만일 교과서가 더 재미있었더라면　044
택배로 온 봄　046
때늦은 질문　048
비닐하우스　049
재정 씨 병문안 가는 날　050
반면교사　051
자음과 모음이 부푸는 소리　052
밥　054

제3부

우유와 개미　059
나의 유물론　060

귀소　062
　　마늘　064
　　장마　065
　현관문　066
연애학 개론　068
　　샛길　070
비보호좌회전 앞에서　072
아주 늦게 도착한 봄날　073
　성하盛夏 1　074
　성하盛夏 2　076
　　키스　077
소리로 듣는 비　078
귀로 오는 저녁　079

제4부
극빈　083
내 이미지에 대하여 1　084
내 이미지에 대하여 2　086
내 이미지에 대하여 3　088
내 이미지에 대하여 4　090
내 이미지에 대하여 5　091
　담장과 장미　093
　동공의 깊이　094

불립문자를 위하여　096
모자　098

해설 | 김석준　101

제1부

활

　노인이 길을 간다 허리춤 〈소생접골원〉 안에 쓸만한 햇살 꿰차고 길을 간다 갈수록 늘어나는 물음표와 난수표 같은 세월 등에 들춰 업고 길을 간다 수많은 목표물과 버팅겼을 저 등, 수 천 번 시위를 받아 안았을 저 등, 수많은 과녁을 교정했을 저 굽은 등에 햇볕이 파스처럼 달라붙어 있다 조금 전 접골원을 나온 저 노인 지금은 어느 과녁 조준하기 위해 발길 옮기는 중일까 얼마나 무거웠으면 저리 늘씬 휘어졌을까 저 활, 시위가 팽팽하다 목표물에 가까이 온 모양이다 과녁이 활을 점점 세게 끌어당기고 있다 가장 가깝고도 가장 먼 과녁인 저 노인, 잔뜩 휘었다

바위

산비탈에 바위 하나 결가부좌結跏趺坐하고 있다
하필 비탈에서의 좌선일까 싶었다
비탈진 곳이 아니면 어디 수행이라 부를 수 있겠냐고
지나가던 겨울바람이 한 말씀 후려 부친다
올라가던 방향이 아니라 내려가던 방향으로
주저앉아 있다 올라가지도 내려가지도 못하고
몇십 년 저리 버티고 있었던 거다
바위의 어깨에 가만히 손을 얹어본다
바위 표면에 솔이끼, 담쟁이, 콩란이
之,,,, 之,,,, 之,,,, 之,,,,,之
여러 생애가 한 생애를 결박하고 있다
여리고 풋내 나는 것들에게
가느다랗고 힘없는 것들에게
온몸 다 내주고 좌탈입망坐脫立亡에 들었다

목련과 그믐달

누가 슬어놓았나
저 많은 사생아들
수십 개의 입술이 옴찔거리네
저 많은 입들 누가 다 먹여 살리나
잇바디 시큰시큰 젖 빠는 소리에
내 젖이 핑그르르— 도네
매일 밤 누가 와서 수유하다 가는 걸까
허연 젖내 물큰물큰한 가지마다
뽀얗게 젖살 오른 몽우리들
입가에 허연 젖 뽀끔뽀끔 묻히고
한 그루 목련이 두둥실 만개를 하네
하늘엔 바싹 야윈 하얀 뼈 하나

연장론

다 꺼내봤자 세치 밖에 안 되는 것으로
아이 눈에 박힌 티끌 핥아내고
한 남자의 무릎 내 앞에 꿇게 만들고
마음 떠난 애인의 뒤통수에 직사포가 되어 박히던,
이렇게 탄력적인 연장이 또 있던가
어느 강의실, 이것 내두른 댓가로 오 만원 받아들고 나오면서
궁한 내 삶 먹여 살리는
이 연장의 탄성에 쩝! 입맛을 다신다
맛이란 맛은 다 찍어 올리고
이것 이리저리 휘둘러대는 덕분에 내 몸 거둬 먹고 살고 있다면
이처럼 믿을만한 연장도 없다
궁지에 몰릴 때 이 연장의 뿌리부터 舌舌舌 오그라들고
세상 살맛 잃을 때 이 연장 바닥이 까끌까끌해지고
병에서 회복될 때 가장 먼저 이 끝으로 신호가 오는
예민한 이 연장, 함부로 사용하지 말라고

사마천은 이것 함부로 놀려서 궁형의 치욕을
　한비자는 민첩하게 사용 못한 죄로 사약 받고 죽었다
는데
　잘못 사용하면 남이 아니라 내게 먼저
　화근이 되는
　가장 비싸면서 가장 싼
　천년만년 녹슬지 않는
　붉은 근육질의 저!

유월

아들 녀석의 방바닥
여기저기 박혀있는 얼룩들
닦아도 닦아도 잘 지워지질 않는다
몇 번 힘주어 닦아내자 그제서야
얼룩이 실체를 드러내기 시작한다
비릿한 냄새가 스멀스멀 피어오른다
아차! 몇 달 사이 키가 부쩍 큰다 싶었더니
툭하면 문 걸어 잠근다 싶었더니
더러 수습하지 못한 밤꽃들
바닥에 자해공갈단처럼 납작 엎드리고 있다
계절은 이렇게 온다 재촉하지 않아도
내 눈엔 아직 고사리순 같은 녀석이
몰래 숨어서 피워올리고 솎아낸
평생 생산해낼 저 밤꽃들,
불발이라도 좋다, 어디 한번 붙어 보자고
뿌리부터 박고 보는
저 수컷의 근성

민들레

이 봄 무슨 죄가 방마다 차고 넘치길래
감금할 방도 없나

구치소 처마 밑
노오란 빈혈이 동전처럼 번지는 얼굴들
삼삼오오 머리 맞대고 앉아서
돌려피우는 담배 한 대

담배 꼬나물고 있던 그 자리에
빛바랜 수의 고스란히 벗어두고
낙하산부대가 고공행진을 하고 있다
구치소 담벼락을 훌쩍 뛰어 넘고 있다

무슨 죄가 저리 가벼울까

그때 나는 엘리베이터를 탔다

1

친구들이 강원도로 충청도로 엠티 떠날 무렵
엘리베이터를 탔다 나는 비가 오나
눈이 오나 엘리베이터를 탔다
내 스무 살의 첫 출근은 그렇게 시작되었다
80년 서울의 봄이 연일 최루가스에 휩싸이거나 말거나
불타는 몇몇 청춘들이 교정에서 분신을 하거나 말거나
저녁마다 코끼리 다리처럼 통통 부어오르는 다리의 두께와
얄팍한 월급봉투의 두께를 대차대조하는 것이
더 절박했으므로 나는
그 시대의 정치로부터 분리되어 있는 외곽이었다
세상이 너무 넓어서 내 안의 정부政府는 한 건물 안에서
이동하는 엘리베이터 높이만 거느리기도 벅찼다 때때로
내 뒷태 훔쳐보는 끈적끈적한 시선들을
심심치 않게 처리하기 위하여 당시 유행하던
화장술을 배우기 위하여 서점을 들락날락거릴 뿐

매일 엘리베이터를 타고 오르락내리락하면서도
나는 욕망할 줄 모르는 기계였다
한번도 나를 운전해주지 않았던 엘리베이터는
내 욕망의 운행을 봉쇄하던 바리케이트였다

2

  엘리베이터, 내가 운전하던 그 엘리베이터가 곡哭을 하고 있네 올라가지도 내려가지도 못하고 내 스무 살의 밑그림, 비굴도卑屈圖에 관棺이 되어 걸려 있네 내 청춘을 향하여 조화弔花를 던지고 있네 내 밥줄이던, 사무실이던 금성 엘리베이터, 추운 겨울 엘리베이터 속에 붙어 있던 그 별들이 지금도 녹슬지 않고 나를 빤히 내려다보고 있네 이십여 년 전 내 청춘 장례葬禮치뤄 주겠다고 과르릉 과르릉 청산별곡淸算別哭을 하고 있네

사춘기

교과서에서만 배우던 가내수공업을
어느 날 아버지가 방안 가득 부려놓았다
삼십 촉 전등 아래 고무판화처럼 박혀서
온 식구들이 너덜너덜한 삶을 풀칠하기 시작했다
봉투를 붙이고 붙이고 가난을 봉투 속에 밀어 넣고
수천 번 봉하였다 지문이 닳도록 봉투를 붙였다
거기서 등록금이 나오고 밥이 나왔다
찰거머리처럼 달라붙어 봉투를 붙여도 한번 기운 가세는
반듯해지질 않았다 잘못 재단된 봉투의 각처럼
습자지처럼 얇아진 손가락 끝에서 피가 스며 나왔다
"아직 지문이 찍히지 않는데요, 다음에 다시 오래요"
지문이 돋아나는 속도를 기다려 더디게
더디게 만들어지던 언니의 주민등록증
책갈피를 넘기는 손끝보다
봉투를 넘기는 손끝이 더 예민해 가던 시절
어딜 가도 나는 삶을 부쳐 먹을 수 있을 것만 같았다
학교 가는 일 따위는 일종의 요식행위 같았다

조회 때마다 수시로 빙그르르 돌아가던 운동장
그 운동장에 노오랗게 머리를 처박던 태양
아무리 풀칠해도 봉해지지 않던 가난의 아가리
입 한번 벙긋하지 못하고 지나간 나의 사춘기
나는 아직 그 방안에 식은 풀그릇처럼 담겨져 있다

행복한 가족

한사코 담장 밖으로 고개를 돌리는 접시꽃

꽃 대신 잡초가 무성하게 올라오는 화분

잠귀도 잠귀도 물이 새는 수도꼭지

가던 길로 가지 않고 길 밖으로 흘러넘치는 도랑물

바깥보다 더 어두운 집안

집에 오면 입을 잠그는 아이들

내벽 곳곳으로 번져가는 균열

책상 위, 죽지도 자라지도 않고 사방 적의를 세우는 선인장

행복을 위장하는 일쯤은 문제도 아니지

대문에 파란 페인트를 덧칠하는 아버지

좀처럼 모아지지 않는 네 개의 각진 방

네트워크

삶의 매순간
고무장갑 끼고 해야 할 일이 있고
맨손으로, 맨몸으로 치러야 할 일이 있다
문명이 새로운 패러다임을 제시하여도
맨몸으로 치러야 할 영역이 있다
문명이 더 이상 근접하지 못하는
지성소, 맨살이라야 가능한 영역이 따로 있다
바느질을 하다가 나는 알타미라 동굴에서 가죽옷 깁던 한 여자를,
섹스를 하다가 수세기 후 태어날 어느 남자의 맨몸을 접속한다
맨살은 인류가 사용한 최초의 언어이자 최후의 언어이다
동과 서를 남과 북을 과거와 미래를 하나로 연결하는 네트워크다
보라, 당신의 손끝에 돌돌 말린 고감도 레이다망을!

이사

이 남자다 싶어서
나 이 남자 안에 깃들어 살
방 한 칸만 있으면 됐지 싶어서
당신 안에 아내 되어 살았는데
이십 년 전 나는
당신밖에 없었는데
지금은 나 당신 밖에 있네
옛 맹세는 헌 런닝구처럼 바래어져 가고
사랑도 맹세도 뱀허물처럼 쏙 빠져나간 자리
25평도 아니야
32평도 아니야
사네
못 사네
내 마음의 공허가
하루에도 수십 번 이삿짐을 쌌다 풀었다 하네

바람의 후예

1

아버지는 늘 바람을 부리고 사셨다
늦게 귀가하는 아버지 몸에서 양지바람꽃 냄새가 났다
대문 밖에서 바람의 지문을 다 털고 들어와도
아버지는 바람의 꼬리를 들켰다, 들켜도
잘라내도 도마뱀꼬리처럼 다시 자라나던 바람의
질긴 꼬리가 기어이 엄마를 수덕사로 가게 만들었다
바람을 부리는 건 아버지의 몫이었고 그 바람을
견뎌야하는 건 엄마의 몫이었고 그 바람에
상처를 입는 것은 나의 몫이었다
바람 잘날 없던 집구석
교과서에는 나오지 않던 그 바람의
소용돌이 속에 나의 유년은 무작정 노출되어 있었다
나를 바람막이해 줄 사람이 아무도 없었던
우리 집은 바람의 열린 학교였다

2

 그를 만나러 가는 길이예요 아버지 어둠이 어찌 이리 포근한지요 언제부터 나는 낮보다 밤을 더 사랑하게 되었을까요 기쁨인지 슬픔인지 알 수 없는, 양방향으로 허리 뒤트는 바람이 내 안에서 갸르릉거리고 있어요 이 바람을 얼마나 부리면 늦은 밤 그 잡년을 만나러 가던 아버지를 만나게 될까요 그날 밤 아버지도 저처럼 이렇게 두근거렸나요 흐음, 냄새가 나요 이 바람 속에 아버지 냄새가 나요 내 안에 바람이 점점 소용돌이치고 있어요 이 바람의 속도에서 빠져나올 수가 없어요 이 바람의 거처에 그냥 팍 거꾸러지고 싶어요 아버지 꼼짝 말고 기다리세욧! 나 지금 아버지를 만나러 가는 중이예요 후훗, 난 어엿한 바람의 딸이 되었나봐요 나를 휘갑치고 도는 이 바람, 다음엔 누구에게 넘겨주죠?

봄

엉덩이로 여기까지 걸어 왔을까, 횡단보도 앞
댕강 잘려나간 발목으로 구걸하는 저 남자
생의 어느 극단이 두 발목을 저리 횡단하고 말았을까
봄이 되어도 다시 자라나지 않는 저 다리 앞에
전지한 플라타너스가 싹을 밀어올리고 있다
간혹 떨어지는 자잘한 동전 소리가
저 삶에 희망의 낙차를 길어 올리겠는가마는
장애가 무기되어 이 거리로 나올 때까지
한쪽 문 닫힌 후 다른 문 열 때까지
봉인된 삶이 수많은 문 내어 달았을 것이다
모든 장애가 불편으로 해석되는 길이라면
발로 그림 그리는 일을 상상이나 했을까
義足 달고 농구장 뛰어다닐 상상이나 했을까
멀쩡한 몸이었을 때 감지해내지 못할 일을
장애를 가진 몸은 해낸다, 없는 길 개척해낸다
한쪽 문 막히면 다른 쪽 문 찾아나서는
반전의 힘으로 세상은 으랏찻차! 재구성 된다

축제

생선 난전에 햇볕이 짜글짜글 끓어 넘치고 있다

청어, 병어, 고등어, 쭈꾸미, 갈치 위에

벚꽃 잎이 ♡ ♡ ♡ 박힌다

비릿하던 난전이 환한 꽃판으로 변해간다

손사래 치던 생선 장수 아줌마

꽃비늘 털기를 그만 멈추고

아따 마, 손님도 없는데 마,

이 우에다 고마 밀가루나 한 바가지 확 뿌리 삐까!

그라믄 이기 바로 화전花煎 아이가!

사랑에 부쳐

산도둑 같은 사내와 한번 타오르지 못하고
손가락이 긴 사내와 한번 뒤섞이지도 못하고
물불가리는 나이에 도착하고 말았습니다
모르는 척 나를 눈감아줬으면 싶던 계절이
맡겨놓은 돈 찾으러 오듯이 꼬박꼬박 찾아와
머리에 푸른 물만 잔뜩 들었습니다
이리 갸웃 저리 갸웃 머리만 쓰고 살다가
마음을 놓치고 사랑을 놓치고 나이를 놓치고
내 꾀에 내가 넘어가고 말았습니다
암만 생각해도 이번 생은 패牌를 잘못 썼습니다

제2부

아욱꽃

아욱꽃이 피어 있다
코끼리 귀같이 펄럭거리는 큰 잎사귀 틈에
코끼리 눈처럼 작은 아욱꽃이 피어 있다
빛바랜 연보라빛 꽃이 향기도 없이 피어 있다

어느 벌이, 어느 나비가 저 꽃에 들겠는가
저 꽃도 꽃인데 왜 색을 버렸겠는가
세상에는 꽃을 위해 잎을 포기하는 꽃이 있고
잎을 위해 꽃을 포기하는 꽃이 있다

봐라! 식구들 밥해 멕이려고
수백 평 푸른 밭 경작하고 있는
저 장딴지를!

동의어同義語에 관한 답사기踏査記

24시편의점과 통돼지 숯불 갈비구이 사이에

토마토/투투/핑계/물망초/꽃님이/야화/자유인/달맞이꽃/여인의 향기/언니/님/촛불/복숭아/딸기/들꽃/소나타/마돈나/낙원/이방인/섬/제8요일/여울

어깨를 나란히 맞대고 있습니다

저 간판들 화투짝처럼 엎어 놓고
아무 문 열고 들어가면
70년대나 80년대나 지금이나
게슴츠레한 불빛 아래 반쯤 벌어진 붉은 입술이 출몰하는 곳
뒤돌아서면 생각나지 않는 간판들
그러나 거기! 하면 단번에 통하는

토마토/투투/핑계/물망초/꽃님이/야화/자유인/달맞이

꽃/여인의 향기/언니/님/촛불/복숭아/딸기/들꽃/소나타/
마돈나/낙원/이방인/섬/제8요일/여울

　밤새 골목을 알록달록 불 밝히고 있습니다

　저 불빛 아래서 밤의 어록이 끊임없이 집필되고 있습
니다
　쉿! 여기는 이 동네의 뒷페이지라고 부른다지요

에덴의 동쪽

밥집 앞에
공원 벤치 아래
빈 과자봉지처럼 뒹굴던 그의 옆구리로
칼집처럼 파고 든 편서풍

그의 머리칼과 눈과 귀와 코와 입이
바람의 반대방향을 향해 발달하였다
마침내 그가 허기를 인질로 잡고
칼을 뽑아 들었다

삶과 죽음의 기로에서 선택한
그의 탈출 계획은 단번에 완수되었고
생애 처음으로 스포트라이트를 받았다

김00 (54세), 강도 살인 미수, 5년 구형

아무도 주목해주질 않던 그의 삶을

사회가 비로소 관여하기 시작했다
허기에 복역하던 그에게
5년간의 식사와
옷과 잠자리가 마련되었다

또 다른 복역이 시작되었다

브래지어를 풀고

브래지어 착용이 유방암 발생률을 70%나 높인다는
TV를 시청하다가 브래지어 후크를 슬쩍 풀어 헤쳐본다
사랑할 때와 샤워할 때 외엔 풀지 않았던
내 피부 같은 브래지어를

빗장 풀린 가슴으로 오소소— 전해오는
시원함도 잠깐
문 열어놔도 날아가지 못하는
새장 속에 새처럼
빗장 풀린 가슴이 움츠러든다
갑작스런 허전함 앞에 예민해지는 유두
분절된 내 몸의 지경이 당혹스럽다

허전함을 다시 채우자
그때서야 가슴이 경계태세를 푼다
와이어와 후크로 결박해야 비로소 안정을 되찾는

나는 문명이 디자인한 딸이다
내 가슴둘레엔 그 흔적이 문신처럼 박혀있다
세상 수많은 딸들의 브래지어 봉제선 뒤편
늙지 않는 빅브라더가 있다

뱅뱅 사거리

일요일
뱅뱅 사거리
사통팔달
뚫려있다
이정표 앞
두 노파

→ 평화교회
↘ 선한목자교회
← 화평교회
↗ 요단강교회
↑ 푸른초장교회
↘ 천국교회
↓ 새평안교회
↗ 신평화교회

품종 좋은 하늘* 아래

갈팡질팡

우왕좌왕

수심깊은

물음표

두 개

* 김경미 시인의 시, 「질(質) — 改作」에서 인용

그때 만일 교과서가 더 재미있었더라면

 덧니 하나 삐딱하게 머리 틀고 있던 시절 교과서 밑에서 킥킥 훔쳐보던 만화책이 아니었더라면 만화경 같은 세상이 내게 농을 걸어올 때 농담인지 진담인지 몰랐을 것이다

 그때 책가방 안에 딱지를 슬쩍 숨겨오지 않았더라면 하루에도 몇 번씩 엎어지고 뒤집어지는 생의 난장 한가운데서 배 딱 내밀고 버티는 힘 배우지 못했을 것이다

 그때 눈물 찔끔찔끔 흘리면서 아껴서 빼던 젖니, 이빨이 흔들릴 때마다 치과로 곧장 달려갔더라면 잇몸 사이로 알싸하게 퍼지는 고통, 고통인가 싶으면 쾌락이, 쾌락인가 싶으면 고통이 서로 허리를 배배 꼬고 있는 자웅동체란 걸 몰랐을 것이다

 그때 만일 교과서가 더 재미있었더라면 때론 별책부록 안에 더 재미있는 페이지가 숨어있다는 것을 몰랐을 것이

다 전후좌우 흔들리면서 내 중심이 들쭉날쭉 자리 잡아
가고 있던 것을 몰랐을 것이다 까맣게 몰랐을 것이다

택배로 온 봄

 매년 부처 주시는 제주의 봄, 올해도 고스란히 잘 받았습니다 상자 안 몇 겹의 봉지로 꼭꼭 여민 당신 손길을 거꾸로 풀어가는 동안 당신 마음이 내 손끝으로 찌르르— 전해왔습니다 봉지를 여는 순간, 제주 들녘의 달짝지근한 바람과 그 바람이 키우던 민들레와 말똥비름과 바늘엉겅퀴와 창질경이와 갯쑥부쟁이와 그 푸른 잎새에 맺혀있던 이슬방울과 그 이슬을 먹고 살던 무당벌레와 그 무당벌레가 밟고 다니던 반질반질한 길과 그 길에 엎질러져 있는 들큰한 흙내와 그 길을 가로지르던 꼬마꽃벌과 제주꼬마팔랑나비와 그 날것들을 밤낮으로 키우던 햇빛과 달빛이 압축파일 풀리듯 한꺼번에 터져 나왔습니다 그때였지요 봉인된 내 그리움을 풀어헤치고 아부오름과 다랑쉬오름과 한라산 자락과 제주 앞바다가 붐붐붐붐 서울 창공을 날아 우리집 거실로 통째로 건너오는 게 아니겠어요 몇 번을 데쳐먹고 볶아먹어도 줄어들지 않는 고사리를 삶을 때마다 내 그리움이 몇 번이나 몸을 부풀렸던지요 이 고사리가 내게 오려고 올해도 얼마나 많은 제주 봄볕을 끌

어모으고 몸을 뒤척이곤 했을까요 그런데 당신, 고사리를 보내면 제주가 몽땅 덤으로 딸려 오는 줄 어떻게 알았어요? 늘 챙겨주시는 제주의 봄, 맛있게 울궈 먹겠습니다

때늦은 질문

수정할 수 없는 근본이 있다

겉과 속이 다른 모습으로 몇백 년 이어가는 누대가 있다

참외 수박 키위 사과 포도 바나나 딸기,,,국회의사당을 향하여 누가 출사표를 던질 것인가

'表' 와 '裏' 사이에 누가 칼날을 들이밀 것인가

사람들은 겉과 속에는 관심이 없다

혀끝, 단맛에 집중되어 있다 저 노인

포도의 단맛을 뚝뚝 따서 오물거리고 있다 눈까지 지그시 감고

단맛은 더 강한 단맛을 부른다 서서히

중독 되어가는 혀뿌리만큼 오래된 누대도 없다

가끔씩 벌어지는 저 노인의 입

속이 시커멓다

비닐하우스

　산부인과 병동 벤치 앞 속도위반한 봄이 꽃망울을 터트린다 성급하게 꺼내 입은 미니스커트 뒤를 2월 햇살이 건달처럼 따라 붙는다 누가 배달한 계절이 이리 다급할까 벤치 위에 귤, 수박, 참외, 딸기가 모두 한철이다 과일바구니를 물끄러미 바라보는 소녀, 구역질 넘어오는 입 안으로 딸기 하나를 밀어넣는다 일찍 당도한 계절에 젖몸살을 앓던 소녀의 비린내 나는 몸이 속성재배 중이다 철모르는 개나리 몇 송이 소녀 옆에서 노오란 눈웃음을 흘리고, 어디선가 날아 온 신문이 소녀의 다리를 휘감는다 '이상기후 ― 지구의 평균 기온 약 0.6도 상승 ― 온난화 매년 가속세' 신문기사를 망연히 바라보던 소녀가 귤 한 쪽을 떼어먹는다 신물나는 과즙과 자동차 속도음이 소녀의 내부로 급속하게 빨려든다

재정 씨 병문안 가는 날

  재정 씨 병문안을 간다 육근웅 선생님이 운전을 하고 조수석에 이용택 씨가 타고 뒤에 이정숙 선생님, 남정 언니, 내가 타고 간다 남양주 호평동에 내려서 수퍼타이와 휴지를 사들고 재정 씨가 이사한 아파트로 간다 벨을 누르자 껑 마르고 흰 머리가 듬성듬성 보이는 재정 씨가 나온다 재정 씨가 포도맛 쥬스를 내온다 베란다를 터서 집이 넓어보인다, 이 동네 집값이 얼마나 가냐는 이야기를 나누다가 천마산이 아파트 뒤에 있다는 소리에 천마산 아래로 오리고기를 먹으러 간다 우리는 맥주 한 컵씩 들고 건배를 하고 커피 한 잔씩 뽑아 들고 천마산 계곡으로 올라간다 물봉선 이질풀 물푸레나무가 우리 곁을 따라 온다 계곡물에 육근웅 선생님, 남정언니, 이용택 씨가 신발을 벗고 들어가서 송사리를 잡는다 잡은 송사리는 모두 일곱 마리 남정언니가 제일 잘 잡는다 이용택 씨는 한 마리도 못 잡는다 우리는 계곡에서 낄낄거리며 놀다가 송사리를 놓아주고 재정 씨와 헤어져 집으로 돌아온다 하늘이 식상하게 푸르고 건조한 바람이 부는, 그런 가을날이다

반면교사

시가 뭔지도 모르는 아들 녀석이
평소엔 시에 관심도 보이지 않던 녀석이
오늘은 학교에서 돌아와
엄마! 오늘 날씨 짱 좋아!
이런 날 집에만 있으면 돼!
이런 날은 밖에 나가서 시를 써야지, 시를!
빗소리에 온 세상이 타악기로 변해가던 어느 날
베란다 문을 닫으려던 내게
엄마! 문 닫지 마, 빗소리 좀 들어 봐!
가끔은 내 머리 꼭지 돌 정도로
말 안 듣는 녀석에게 마구 욕을 퍼부어대면
시인이 그렇게 막 욕을 하면 돼! 하질 않나
안 보는 척, 모르는 척 녀석은
이런 식으로 나의 빈틈을 조목조목 공략한다
내가 시를 개관하고 있음을 녀석은 어렴풋이 알고 있다
김수영이 누군지도 모르는 녀석이
내 급소 꼭꼭 짚어가며 시를 개괄하고 있다

자음과 모음이 부푸는 소리

모든 소리들이 봉인된 새벽
쌀을 씻는다 쌀이 불기를 기다리는 동안
잠시 틀어졌던 고요가 마름질 된다, 다시
어디선가 한 땀 두 땀 고요의 봉제선을 따는 소리

ㄴ............ㄴ...........ㅅ.............ㅡ.............ㄱ...........
ㄴ..........ㅡ..........ㅅ.........ㅁ........ㅣ

싱크대 위 씻어둔 쌀양푼 속에서
쌀알들이 봉인된 입을 열고 있다
매일 쌀 씻고 밥 안치면서
무심히 방치하고 흘러버렸던
큰소리나는 쪽으로 열려 있던 나의 음역으로

ㄷ......ㅏ......ㄷ....ㅈ....ㅣ......ㅈ.....ㅡ....ㄷ....ㅂ..ㅂ...
ㅣ...ㅈ...ㅈ..ㅏ...ㅋ...ㅌ...ㅏ.,,,

자일을 던진다 문자도 모르는 것들이
소리를 길어 올린다
쌀양푼 안에서 내 귀까지
수천 년 기어올라도 닿지 못했던 은산철벽으로
한 번도 소리로 기록된 바 없었던
누대에 걸쳐 어긋나고 말았을
비언어적 누설이

ㅌ...즈..쯔... ㅑ ... ㄸ...즈... ㅊ.. ㄸ..드... ㅍ.. ㅓ .ㅉ..ㅋ.ㅍ.
ㅌ.
ㅌ.ㅍ.ㅍ. ㅏ .ㅊ..ㅅ..ㅛ.ㅌ .ㅌㅣ.ㅍ.ㅌ .ㅈ.ㅍ.ㅍ치.그ㅌ.ㄸ.ㅉ
찌ㅊㅍ.ㅋ .ㅋㅌ

오늘 비로소 내 귀에 귀걸이처럼 달라붙는다

밥

결혼하고 살면서 밥 먹듯이 듣고 사는 말,
밥!
아이 하나 둘 생기면서
엄마 다음으로 자주 듣고 사는 말,
한 번쯤 건너뛰어도 될 만할 때도 어김없이
내 뒤통수에다 대고
밥!
때로는 엄마는 거두절미하고
'엄마=밥'으로 통하는 동의이의어
나를 옭아매는 지긋지긋한 쇠힘줄 같은,
나만 보면, 밥! 밥! **밥! 밥!**
그래, 알고 보면 나는 너희들 밥줄이지
탯줄 끝에 붙어있던 너희들 밥이었지
 친정 엄마 만나면 밥 생각부터 모락모락 피어오르는 버릇
 나도 부인 못하지
 누대에 걸친 아슴아슴한 탯줄의 기억이

입안 깊숙이 숟가락 바통 물려주는

뜨끈뜨끈한 계보

밥!

제3부

우유와 개미

누군가 먹다 버린 우유통 안팎으로
개미가 이열종대로 들락날락거리고 있다
한 마리의 일탈도 보이지 않는
일사불란한 저 동작이 거룩하기조차 하다
개미의 꽁무니를 따라 우유통 안으로 들어가 본다
고소하게 고여 있는 젖우물 주위에
열심히 우유를 핥아먹는 개미와
우유로 맛사지를 하는 개미와
우유를 열심히 실어 나르는 개미와
우유에 발을 담그고 잡담을 나누는 개미와
우유 속에 둥둥 빠져죽은 개미가
한통속이다

나의 유물론

왜 하필 느끼한 레스토랑이냐고 툴툴거리는
남편의 식성과 마주앉아 밥을 먹었다, 생일날에
다친 마음도 밥 앞에서는 이내 맥을 못 추는
나는 이 세상을 무척이나 사랑하는 족속이다
평일보다 더 못한 기념일
소화되지 않는 속내와"
날이 서는 내 눈초리에
선물 대신 뒤늦게 내미는 남편의
돈봉투를 낚아채듯 받아들었다 순간
손끝으로 좌르르― 전해오는 돈의 두께에
다친 마음이 초고속촬영을 하듯이 아물고 있었다
돈을 사랑하는 것이 일만 악의 뿌리라지만
그것은 두꺼운 성경책 안에서나 통하는 말
돈의 위력 앞에 뭉쳐있던 내 속과
눈꼬리가 순식간에 녹진녹진 녹아났다
조금 전까지 야속하던 남편도 면죄하고야마는
나의 종교는 유물론에 더 가깝지 싶었다

내 안에서 비릿하고 역겨운 냄새가 울컥 올라왔지만
빳빳하고 두둑한 돈을 꽉 움켜쥐고서
나는 개처럼 꼬리를 살랑살랑 흔들고 있었다

귀소

서쪽을 향해 앉아있는 저 노인들
짧게 깎은 머리, 주름의 방향, 우묵한 눈매가
서로 닮아 있다, 약속이나 한듯이
붉은 꽃무덤을 배경으로 앉아있는 저들의 모습이
흑백사진 같다, 낡음낡음한 정물화 같다
어느 세월이 붙잡을 건가 저 쇠락의 속도를
한때 주름잡던 시절이 실뱀처럼 빠져나가고
마른 주름만 엉겨 붙어 있는
탈탈 털어도 동전 한 푼 나올 것 같지 않는
호주머니가 없는 저들의 모습을 오래전
어느 신생아실에서 본 적이 있다
주글주글한 얼굴에 기저귀를 벗겨보지 않으면
사낸지 계집앤지 구별을 할 수가 없었던
아랫도리로 눈길을 돌리지 않으면
남잔지 여잔지 구별하기 힘든
남자도, 여자도 다 놓아버린 저 사람들
이제 곧 고단한 날개짓 접고

왔던 곳으로 돌아가겠다
몸도 마음도 편안해지겠다

마늘

 앉아있으면 한 주먹도 안 되어 보이던 할머니, 산비알 흙내랄까, 햇볕에 바싹 마른 바람내랄까 그런 냄새를 치마폭처럼 두르고 사셨다 늘 담장 밖으로 눈길을 걸어두고 사시던, 평생의 절반을 부뚜막과 논두렁에서 보내던 할머니, 몸은 무말랭이처럼 꼬들꼬들 말라 갔지만 쪽진 머리와 날렵한 콧날은 한번도 그 윤곽을 놓지 않았다 가끔 앙다문 입을 열면 맵고 알싸한 속내가 타액과 함께 묻어 나왔다 할머니 안에는 단단한 쪽방이 속내를 꼭 부여잡고 있었다 아지랑이 피어오르던 어느 봄날, 할머니 어깨를 주무르는데 겹겹이 껴입은 저고리가 폭삭 내려앉았다 겨울 내내 거풍하던 할머니의 몸이 텅 비어 있었다

장마

  냉면발보다 질긴 빗줄기가 하수구로 찰지게 빨려 넘어간다 길 건너 옥상에 물이 뚝뚝 떨어지는 하늘을 빨래집게가 꼭 물고 있다 그걸 바라보는 동생의 얼굴에 저기압 전선이 잡혀있고 이마에는 며칠째 깊은 기압골이 형성되어 가고 있다 몇 그릇을 말아냈을 지 정신이 없어야할 삼복에 손님 대신 불량한 빗줄기가 문 안으로 들이닥친다 오늘도 공치는 날, 늘 빗나가던 일기예보가 올 여름은 척척 잘 들어맞는다 어쩌다 들어오는 손님들 냉면 그릇에 동생은 한숨을 둘둘 말아 내놓고, 나는 그걸 눈치 못 채게 걷어내는데, 점점 거세어지는 빗줄기가 빈 식탁 위에 빈 의자 위에 사리처럼 똬리를 튼다 남해상에서 발달한 저기압 전선이 또 북상 중이라고 TV는 투덜대고 있다 냉면집 내부가 팅팅 불어터진 물냉면 같다

현관문

싫어! 더 늦게 들어 올거야!
쾅!

니들끼리 어디 잘 먹고 잘 살아 봐!
쾅!

엄마 마음만 마음이야 내 마음은 없는 줄 알아!
쾅!

내 이 놈의 집구석 다시 들어오나 봐!
쾅!

니 맘 꼴리는 대로 한번 해 봐!
쾅!

개자식!
쾅!

힘껏 부풀어 오르는 공기압
집안 모서리가 부르르 떤다
이성의 간지*처럼 붙어 있는
오래된 저 완충장치

* '이성의 간지'를 비롯한 근대의 유사 개념들이 공통적으로 내포하고 있는 진리는 "세상일은 항상 뜻대로만 이루어지지는 않으며, 의도하지도 않은 많은 일들이 벌어진다"는 것이다. A. Ferguson의 유명한 묘사에 따르자면 "History is the result of human action, but not of his design." 이는 그 개념들(이성의 간지, 보이지 않는 손, 자연의 의도 등)의 비유적 부분을 제거할 경우, 다름 아닌 개인 행위의 '의도하지 않은 결과'(unintended consequences of human action)의 문제에 다름 아니다.

연애학 개론

이 강의
처음은 대개 도서관에서 출발하지
어때, 고상하지?
카페
공원을 지날 무렵 도도하게 흐르던 물줄기가
영화관
노래방
비디오방을 휘감아 돌 때쯤
갑자기 급물살을 타기 시작하지
상황에 따라 노래방 다음 영화관이 나타나기도 해
몇 개의 모텔과 호텔을 거치는 동안
강줄기가 심드렁 심드렁해지지
혓바닥이 너덜너덜해진 물줄기가
별안간 속도를 잃고 말지
이상하지? 세계 곳곳에서 발견되는 이 강의
끝에 주석처럼 달려있는 낭떠러지
그 낭떠러지 밑, 또 알처럼 달려있는

카페

공원

영화관에 다시 추억처럼 건너가 발 담그면

예전 물살의 떨림을 다시 느낄 순 없어

거슬러 올라 갈수록 미끄덩거리는 강바닥

강의 하류에 다다랐다는 거지 그러나

한번 시작했다하면 울며불며 끝장을 봐야하는

이 강의 카테고리는 늘 이런 식의 배열이지

식상하지? 수없이 울궈먹어도 폐강되지 않는 이 강의

비천한 빠름* 속으로 어디 첨벙! 들어와 볼래?

뭐, 도강은 안 되겠냐고?

  * 한영옥 시집, 『비천한 빠름이여』에서 인용

샛길

 무거운 돌 밑에서 이름 모를 싹이 머릴 밀고 있다 누가 저 싹의 머리 위에 돌을 올려놨을까 목이 잔뜩 휘어진 줄기 하나 온몸으로 길을 밀어올리고 있다

 어릴 적 엄마 따라 간 절, 법당에 그려진 탱화가 싫었다 그날 이후 나는 교회를 다녔다 교회 다니는 걸 들켜버린 후 엄마 눈을 송사리처럼 피해가며 더 열심히 교회를 다녔다 집안 망하겠다는 엄마의 예언이 30년째 빗나가고 있다

 집에 애완용 자라가 두 마리가 있다 산 지 1년 이상이 되어간다 먹이를 줘도 안 줘도 자라는 잘 자라질 않는다 자라는 제 이름값도 못한다 싶었다 죽으려면 죽어라 방치해 뒀더니 한 놈이 아주 크게 자라 있었다 나를 쳐다보는 자라의 눈길이 반짝반짝 빛나고 있었다

 내가 그대에게로, 그대가 내게로 다니던, 우리 둘 발자

국만 수없이 찍혀있는, 내 들숨과 그대 날숨으로 부풀어 오르던, 눈 감으면 더 잘 보이던 그 길이 막혀 버렸다 그대는 길 저쪽에서 나는 길 이쪽에서 독한 숨 쉭쉭 몰아쉬고 있다 길 옆구리가 툭,툭 터진다 내 호흡이 가빠진다 우리 사랑에 가속도가 붙기 시작했다

비보호좌회전 앞에서

내 눈길이 네게로 다급하게 휘어들었다

 위험할수록 끌리는, 유혹과 금기가 같은 단어로 통하는 이곳에서 수많은 청춘이 몸을 날렸다 내 청춘이 신호등 깜박이는 속도에 맞춰 두근거린다 이 길에서 주목받을 유일한 법은 탈선, 푸른 신호등이 깜박거린다 엑셀레이터를 힘껏 밟는다 나는 휘어진 속도에 편승하지 못하고 선을 이 탈 한 다 짧고 가파른 파열음이 내 청춘에 파편처럼 박힌다 멀리서 팔짱을 끼고 있던 법이 나를 향해 주섬주섬 개입하기 시작했다

 내 사랑의 이동경로에 사방 붉은 줄이 둘러졌다

아주 늦게 도착한 봄날

횡단보도를 사이에 두고 그와 내가 마주보고 서 있습니다 마주보고 있어도 바람이 한 방향으로 건너가는 일이 쉽지가 않습니다 횡단하던 바람의 행로가 몇 갈래로 흩어집니다 붉은 불에서 파란 불로 신호등이 바뀌는 동안 계절은 몇 번 몸을 뒤척이고 봄은 내게서 떠나지 않고 있습니다 계절은 어디서 오고 어디로 가는 것일까요 바람은 어디서 불고 어디로 가는 것일까요 미친년 치맛자락 같은 바람이 내 마음을 마구 헝클어대고 있습니다 건너갈까 말까 건너갈까 말까 망설이는 내 발 밑에 민들레 한 송이, 씨앗 부풀리고 있습니다 꽃피울 힘 있으면 횡단보도면 어떠냐는 듯 서둘러 피어나더니, 두 눈 딱 감더니 횡단보도를 건너갑니다. 횡단보도를 꾹 밟고 서 있는 그와 내 앞을 지나서 보란 듯이 훨훨 날아갑니다 그걸 바라보는 내 관자놀이가 발딱발딱 제자리 뛰기를 하는, 아주 늦게 도착한 봄날입니다

성하盛夏 1

초록원피스 입은 여자가 하늘을 마주보고 드러누워 있다

벌건 허벅지 다 드러내고 누워 있다, 대낮에

한껏 부풀어 오른 능선 위

후끈 달아오른 하늘

피할 수 없는 절정이다

점점 축축해지는 그녀의 하초를 따라

강줄기가 자라고

고추밭이 자라고

집들이 알처럼 돋아나기 시작한다

지구의 모든 마을이 소문처럼 다닥다닥 번져나간다

성하 盛夏 2

밀가루 반죽을 치대는데
가랑이 사이에 양푼을 척 끼고 앉아 반죽을 치대는데
열심히 구멍을 파는 엄지손가락과
구멍이 바뀔 때마다 분주하게 따라 움직이는
네 개의 손가락 사이
찌—걱 찌—걱 물기 새어나오는 소리가
기어이 치마 밑으로 실뱀처럼 스며들었는데
오래 문질러야 반죽이 부드러워지지
소리가 나지 않을 때까지 치대야 차지지
시어머니 빠른 눈치까지 함께 치대는데
나는 진땀을 삐질삐질 흘리는데
냄비뚜껑 사이로 멸치 비린내는 풀풀 새어나오는데
선풍기 바람은 치마를 부풀렸다 오므렸다
부풀렸다 오므렸다하는데
반죽은 탱탱하게 살집이 잡혀가는데
시계 바늘은 점점 외설적으로 포개어지는데

키스

내 입술 앞에 이쑤시개 장막을 세울까

빨강 노랑 파랑 풍선껌 바리케이트를 칠까

끈적끈적한 설탕 석고를 들이 부을까, 아니

씀바귀닢 짓니겨 짓니겨 내 입술에 척척 올려놓을까, 아니

아니 니글거리는 숯불 내 입술에 한 삽 퍼 올려놓을까

그러면 온몸이 붉은 토마토인 당신

히힝 히힝 얌전한 적토마로 살아질까

그래질까

소리로 듣는 비

뒷집 제사가 저리 소란스러운가
지직지직 전 뒤집는 소리
드글드글 나물 볶는 소리
부글부글 국 끓이는 소리
냄비 뚜껑 들썩이는 소리
쿠르륵 쿠륵 설거지물 내리는 소리
내 잠을 방해하는 저 소리가
아파트 배수관을 타고 오르락내리락 한다
자정이 깊을수록 점점 더 시끄러워진다
궁금한 마음에 창문을 열자
바닥만 보이는 검은 냄비 안
나무와 자동차와 아파트가 부글부글 들끓고 있다
온 세상이 한 냄비 속이다
훅 끼쳐오는 물비린내 사이로
희끗희끗 흔들리는 저것,
지방紙榜 맞아?

귀로 오는 저녁

우리 동네 저녁은 두부장수 종소리가 데리고 온다
갸우뚱 기울어가는 오후 여섯 시를 데리고
순두부찌개처럼 끓어 넘치는 노을을 거느리고
수레바퀴 천천히 굴리며 온다
시대가 몇 번이나 바뀌어도 녹슬지 않는
땡그랑! 땡그랑! 저 종소리가
골목 슈퍼 간판 불빛과
앗싸 노래방 네온사인 불빛과
엄마 빵집 샹들리에 불빛을 차례차례 점등하며
점층법으로 건너온다
놀이터에서 놀고 있던 아이들과
새벽 출근했던 남편들 발걸음을 속속 데리고 온다
비가 오나 눈이 오나 바람이 부나
하루도 쉬지 않고 교과서처럼 온다
골목마다 휑한 허기를 저 종소리가 다 채우고 나면
집집마다 불빛이 두부 속처럼 하얗게 비어져 나온다

제4부

극빈

시 쓰는 내게 책상 하나 없다

나는 바닥에, 거리에, 꽃잎 위에 엎드려 시를 쓴다

머리 속 상像을 접으니

세상에 널린 게 책이고 상이다

내 이미지에 대하여 1

내 본명은 점숙이다
누가 점숙아! 하고 부르면
쥐에게도 새에게도 들켜버릴까 봐
얼굴 확! 달아오르는 이름이다
초가집 부뚜막에 뒤집어놓은 간장종지 같은 이름이다
지금은 나영이란 필명 주로 쓰고 살지만
어쩌다 내 본명을 알게 된 사람들은
나영이란 이름과 점숙이란 이름
그 간극에서 봉숭아 씨방 터지듯 팟! 웃는다
어떤 사람은 내 이름이 전설의 고향이나
예전에 방영하던 TV문학관에 등장하던 그런 이름이라고
그것도 주인공도 아닌 하녀나 몸종에나 어울리는 이름이라고
나를 부를 때 점숙도 아닌 점순이라고 그리 대충 부르면
은근히 화가 치밀어 오른다
기역과 니은 그 받침 하나의 뉘앙스가 얼마나 다른데

점례, 쌍자, 순덕, 말순, 봉자, 언년,…
세련된 이름들 다 놔두고 어찌 그리 민망하게들 지어놨는지
임신한, 김봉지, 김벌레, 이사철, 오백원, 이성기,…
이름 하나 바꾼다고 본질이 뭐 크게 달라지겠나 싶겠냐만
말의 결과 이미지가 나를 사육하고 있다
나는 이미지의 포로다
거울 속의 내가 때때로 낯설게 보이는 것은
점숙과 나영의 이미지가 끊임없이 굴절하기 때문이다

내 이미지에 대하여 2

자, 저를 똑바로 바라보세요, 아니
허리를 쭉 펴고 다시 앉아 보세요
고개를 오른쪽으로 조금 돌려 보세요, 아니
왼쪽으로 조금만 더, 더, 네, 그렇지요
턱을 조금 내려놓으시고요
네, 됐습니다
오른쪽 어깨에 힘을 조금 빼 보세요
미소도 살짝 지으시고요
자, 찍습니다 찰칵!
그대로 움직이지 말고 가만히 계세요
다시 한번 찍습니다 찰칵! 자자 여기를 보세요
턱이 다시 올라갔네요, 다시 조금 내리세요 아니
아까 그 미소는 어디로 갔나요
다시 살짝 미소를 지으시고
네, 됐습니다, 찰칵!
눈이 너무 올라갔네요, 눈은 치켜뜨지 마시고
시선은 렌즈 중앙을 바라보세요

미소, 자 미소를 다시 지어 보세요

아니 그렇게 말고, 자연스럽게

네, 그대로 움직이지 말고

자, 그럼 다시 찍습니다 찰칵!

내 이미지에 대하여 3

우리집 식탁은 종섭이네 이사 갈 때 버리고 간 거다
아이 책상도 그때 버리고 간 걸 십 년째 쓰고 있다
지금 쓰는 컴퓨터 책상도 언제 어디선가 주워온 거다
우리 집에서 오로지 새 것은 아들과 딸뿐인 것 같다
먹고 살 만한데 자꾸 헌 것을 주워오는 남편에게
우리가 거지냐고 이제 그만 주워오라고 핏대를 세우면
쓸 만한데 어떠냐고 며칠 전에는 4단 책장을 주워와서는
그것도 두 단이나 떨어져 나간 걸 씩씩하게 주워와서는
거실에 턱 내려다 놓고 책을 꽂으란다
그 궁상맞음을 태평양 건너 시어머니께 불어 제꼈더니
어머니 집 소파도 시아버지가 주워온 거란다
궁상맞은 집안 내력이 부아에서 체념으로 바뀌는 순간
사방 모서리가 닳고 닳은
이제는 뻑뻑해서 잘 여닫히지 않는
남편이 이십 년 전 길 가다 주워
집안에 들여다 놓은
헌 서랍장만 같아서

나는

내 이미지에 대하여 4

365일 상영되는
잘 돌아가다가 가끔 멈추는
때로는 멈춰있는 시간이 더 긴
한 대 탁! 치면 다시 돌아가는
잘못 건드리면 뒤로 돌아가는
누가 보나 안 보나 돌아가는
지직거리면서 갈 때까지 가는
기는 있는데 승은 없고
전만 전전긍긍하고 결은 없는
같은 대사 반복하고 또 반복하는
대사보다 독백이 더 많은
다음 장면이 예측될 때가 더 많은
언젠가는 이 집이 울컥 토해 버릴지도 모를
꿈속까지 상영되는
편집 불가능한
지긋지긋한
다큐멘터리

내 이미지에 대하여 5

봉숭아 채송화 코스모스 경작하던 내 몸 갈아엎었다

실뿌리 오들오들 떨던 그 자리에 말뚝 박고 울타리 세우고

소 닭 개 양 염소… 철면피를 사육하고 있다

문밖에는 비오고 바람 불고 밤낮없이 야수들이 으르렁거리고

내 안 가금류들의 눈초리가 점점 가파라지고

삶에 열중하면 열중할수록 내게서 비린내가 돋아났다

하나 둘 셋… 늘어가는 나를 상쇄시킨 목록들

내게서 한번도 떠난 적 없지만 나는 나로부터 점점 멀

어지고 있다

담장과 장미

담장 안, 질식할 듯한 적막이 부동자세로 서 있다
담장 밖으로 한사코 고개를 내미는 장미 한 송이
화살촉 담장 위로 긴 모가지 뽑아올리고
터질듯한 아우성을 잔뜩 머금고 서 있다
제 몸 하나 가누지 못하고 기형적으로 서 있다
발뒤꿈치에 걸린 슬리퍼 한 짝

장미 모가지가 긴 까닭은
담장 때문일까
담장 밖 구름 때문일까
질식할 듯한 적막 때문일까
뿌리 깊은 식물성의 아픔 때문일까

너도 아프니?

동공의 깊이

1111111111111111111111111111111111111
111111111111111111////////////1111111
1111111111111111111111111111111111111
1111111111111111111111111111111111111

나는 지금 달력 속 누런 풀밭을 바라보고 있다
단조롭기 그지없는 저 벌판 앞에서 수없이
서성거렸을 사진작가를 생각한다
사진 속에도 리듬이 있다는 어느 사진작가를 생각한다
사진을 찍을 때 불안을 찍는다는 어느 사진작가를 생각한다
  나는 저 사진의 제목을 '바람을 찍다'라고 붙여본다
  사진은 눈에 보이지 않는 것을 찾아나서는 행위라는 어느 사진작가
  저 사진작가는 수많은 절경絶景을 접고 또 접었을 것이다
  책읽기의 궁극은 책으로 읽을 수 없는 것을 읽는 데 있

다는 연암

　그대들은 검은 것을 읽지만 나는 흰 것을 읽는다는 윌리엄 블레이크

　나는 지금 이름도 모르는 어느 사진작가의
　동공의 깊이를 바라보고 있다

불립문자를 위하여

어느 부분을 훑어 내려도
한 단락 한 단락 완곡하고 간결하다
서론부터 결론까지
방사형 구조 아래
미끈하게 이어지는 만연체의 나긋나긋한 서술까지
어디 하나 버릴 게 없다
어느 부분을 토막쳐 곱씹어보아도
쫄깃쫄깃한 맛이 그만이다
내 구미를 흡반처럼 쫙쫙 끌어당기는
문장 전체가 살아 꿈틀거리는
근육질의 육필원고다

그랬을 것이다
넓고 푸른 바다 한 몸에 응축시키려면
손이 여덟 개라도 부족했을 것이다
온몸이 발이 될 때까지
깊고 푸른 대양大洋 밑바닥까지 기고 또 기었을 것이다

오죽했으면 머리칼 한 올도 남지 않았을까

도마 위에 저 문어 대가리

푸른 잉크 몇 병을 들이 마시면
나는 나의 대양大洋에 다다를 수 있을까

모자

마음에 드는 모자 하나를 샀다
내 머리에 조금 큰 게 흠이지만
나를 커버하고 코디하기에 이만한 게 없다
머리를 감지 않은 날이나
화장 안한 얼굴을 가리고 다니기에도 그만인
모자는 패션의 완성이 아니다,
모자는 나의 방패다, 나의 무기다

이 모자를 처음 쓰고 외출했을 때
나를 아는 어떤 사람은 내 얼굴이 달라뵌다고도 하고
나인줄 몰라봤다고도 하고
나를 다시 바라보게 됐다고도 했다
그럴 리가 있겠느냐고 대답하면서도
내심 팥죽처럼 풋풋풋— 부풀어 오르는 마음을
모자로 꾹 누르고 집으로 돌아오면서
나는 모자의 위력 속으로 점점 빠져들고 있었다

모자의 테두리가 세월과 함께 차츰 낡아가고
모자를 쓴 내 모습도 사람들 기억에 익숙해져 가고
모자와 내가 뗄래야 뗄 수 없는 관계가 되어가고 있을 무렵
어느 날 모자를 집에 벗어놓고 외출을 했을 때
모자를 안 쓴 내 모습을 사람들은 아무도 몰라봤다
이게 원래 내 모습이라고 해명을 해도 사람들은 내 말을 믿지 않는다
모자를 천천히 벗었다 썼다 벗었다 썼다 해도 사람들은 나를 믿지 않는다

그날 이후 나는 모자를 마음에 쓰고 산다
어디에 내려놓지도 걸어 두지도 못하는 모자
나를 이러지도 저러지도 못하게 하는 모자
요즈음엔 잠들 때도 벗지 못하는 모자
모자를 벗은 내가 나인지, 모자를 쓴 내가 나인지 나도 헷갈릴 때가 있다

지독하게 속이면 내가 속고 만다*

* 김수영의, 「성性」에서 인용

□ 해설

이미지와 실재의 변증법적 거리

김석준(시인, 문학평론가)

1. 글을 들어가며

나의 '나됨'을 규정하는 것은 무엇인가. 내가 나를 이야기할 때, 나는 나를 아는 존재인가, 모르는 존재인가. 무릇 나는 어떤 나를 나로 인지하면서 나인 나로 존재하는가. 분명 문제의 중심은 언제나 나에 응고되어 있다. 특히 금번 상재한 김나영 시인의 『수작』은 자신에게 속한 삶―시간―세계에 관한 존재론적 음영을 시말화하고 있다. 이를테면 시인의 시말운동은 나의 굴절면에 기입된 접힌 주름에 다름 아닌데, 그것은 역으로 나의 나됨을 인지하는 과정이거나 나의 존재론적 위치이다. 비록 시인이 "나는 문명이 디자인한 딸이다"(「브래지어를 풀고」)고 언명하고 있지만, 나는 시간의 선분 위를 질주하는 하나의 객체이자 주체이다. 나는 시간의 흔적이다. 나는 "생의 어느 극단"이자 그 생을 "재구성"(「봄」)하는 주체적 존재이기도 하다. 나는 "가난의 아가리"에 빠져 "가난을 봉투"(「사춘기」)질 하던 지난한 자이다.

헌데 시인 김나영은 그러한 자신의 존재론적 음영을 다양하게 투시하면서 자신이 처했던 과거의 초상과 현재의 삶을 이중주로 탄주하고 있다. 과거의 삶이 가난이라는 질곡 속을 헤맸던 슬픈 영혼의 초상에 대한 진솔한 고백이라면, 현재의 나는 자신의 존재론적 정체성에 대하여 심도 있게 탐문하고 있다. 때론 안단테 칸타빌레의 느리고 서정적인 몽상의 세계를 동경하면서 때론 비바체의 역동적이고 활발한 선율 위에 생에의 형식을 대위시키면서, 시인 김나영은 자신의 젊은 초상을 보듬어 안고 있다. 하여 시인은 가난 속으로 침강하여 자신을 이 세계 속에 침몰시키는 것이 아니라, 크리슈나무르티의 『자기로부터의 혁명』이나 라마나 마하리시의 『나는 무엇인가』에 언표된 것처럼, 자신의 허상과 실상을 애절하게 점검하고 있다. 말하자면 『수작』은 과거의 시간을 자신의 현재 이미지를 통해서 들여다보고 위무하면서 생이 도달하는 임계점을 응시 통찰 중이다. 시말 사이사이에 '나'의 내포적 의미와 그 외연의

확장적 국면을 상호 이접시키면서 시인은 자신이 처한 삶─시간─세계의 의미를 섬세한 시선으로 예인하고 있다. 비록 존재의 자리가 이미지로 현상하기는 하지만, 시인은 이미지와 실재와 거리를 좁혀가면서 일상성이 지배하는 삶의 자리를 여성 특유의 시선으로 옴쳐내고 있다.

2. 가난과 삶에 관한 두개의 변주곡

시말은 과거로 휘어진 슬픔에의 운동이다. "온 세상이 한 냄비 속이다"(「소리로 듣는 비」). 세상은 "'表'와 '裏'"(「때늦은 질문」)가 부동하다. 세계는 "갈팡질팡/우왕좌왕"(「뱅뱅 사거리」)하는 복마전이다. 헌데 시인 김나영은 아욱꽃 같은 지난했던 절망적 삶을 반추 회고하고 있다. 마치 "세상에는 꽃을 위해 잎을 포기하는 꽃이 있고/ 잎을 위해 꽃을 포기하는 꽃이 있(「아욱꽃」)듯이, 그는 자신의 삶에 가로놓인 저 가난이라는 고난의 지대를 어렵사리 통과해 가고 있다. 삶 속에 기입된 가난은 시인의 시살이에 있어서 선험적 가정이다. 이를테면 시말은 바흐의 〈G선상의 아리아〉나 비탈리의 〈샤콘느 G단조〉의 느리고 애절한 선율로 탄주되다가 사라사테의 〈지고이네르바이젠〉의 비극적 슬픔으로 변주된 후, 끝내는 바흐의 〈무반주첼로조곡〉의 생의 구경적 태도로 귀결하게 된다. 가난했던 과거의 초상과 현재적 삶을 상호 변주 키질하면서 시인은 자신의 고유한 음률로 시말운동을 전개하고 있다. 때론 느리고 칙칙한 밤꿈의 지대를 배회하면서 때론 명랑하고 발랄한 이미지의 지대를 활보하면서 시인은 자신만의 시적 정체성을 탐문해가고 있다.

바깥보다 더 어두운 집안

집에 오면 입을 잠그는 아이들

내벽 곳곳으로 번져가는 균열

책상 위, 죽지도 자라지도 않고 사방 적의를 세우는 선인장

행복을 위장하는 일쯤은 문제도 아니지

대문에 파란 페인트를 덧칠하는 아버지

좀처럼 모아지지 않는 네 개의 각진 방
―「행복한 가족」부분

가족은 인륜성이 구현되는 기초공간이다. 가족이 해체되면 삶도 무너지고 규범적 질서도 무너진다. 하여 가족은 신성한 그 무엇을 표상하는 실체이다. 헌데 시인 김나영의 「행복한 가족」은 그 해체된 가족의 단면도를 내밀하게 바라보면서 행복이 무엇인지를 심도 있게 숙고하고 있다. 희망이 존재하지 않는 절망의 공간 속에 수인으로 갇힌 채, 시인은 자신을 차폐시켰던 파란 대문이 있는 집을 몽상하고 있다. 헌데 몽상의 색조는 명랑하고 투명한 바슐라르적이지않다. 몽상은 공간 내부에서 질식해가는 "아이"들의 침묵 속에 기입된 흔적들인데, 그것이 바로 "위장"된 "행복"이다. "담장"의 안쪽이 절망과 분열의 내적 공간이라면, 그 바깥은 냉혹한 실재계이다. 생에의 선율은 바르톡이나 쇤베르크의 음율처럼 불안하다 못해 위태위태하다. 가슴의 "내벽"은 "균열"되어 실금이 가고 있다. 천지사방이 "적의"로 가득 차 있다. 불안과 공포에 떨면서 방안 구석에 웅크리고 있는 한 아이가 보인다. 얼굴은 창백했고 절망의 심연으로 추락하는 한 아이가 고개를 떨구고 있다.

　바로 어린 시절의 나(시인 자신)이다. 과거로의 시간 여행은 상처받은 영혼과 대면하는 시인 특유의 시적 페르조나의 한 전형이자, 과거와 화해하는 시적 통로이다. 역으로 「행복한 가족」은 분열되어 불행한 가족이다. 가난했고 불행했던 "어두운 집안" 내부를 음각하면서 혹은 지난날의 자신의 슬픈 자화상을 들여다보면서, 다음과 같이 읊조리고 있을지도 모른다. '그래! 그땐 너무도 힘들었고, 죽고 싶을 만큼 고통스러웠지. 가여운 내 청춘이여! 성장을 멈춘 영혼의 상처여!' 가슴에 돋는 가시도 보이고, 침묵하는 아이도 보인다. 이제 과거와 정면으로 대면할 수 있게 되었다.

① 아무리 풀칠해도 봉해지지 않던 가난의 아가리
입 한번 벙긋하지 못하고 지나간 나의 사춘기
나는 아직 그 방안에 식은 풀그릇처럼 담겨져 있다
─「사춘기」 부분

② 나를 바람막이해 줄 사람이 아무도 없었던
우리 집은 바람의 열린 학교였다
─「바람의 후예」 부분

③ 엘리베이터, 내가 운전하던 그 엘리베이터가 곡哭을 하고 있네 올라가지도 내려가지도 못하고 내 스무 살의 밑그림, 비굴도卑屈圖에 관棺이 되어 걸려 있네 내 청춘을 향하여 조화弔花를 던지고 있네 내 밥줄이던, 사무실이던 금성 엘리베이터, 추운 겨울 엘리베이터 속에 붙어 있던 그 별들이 지금도 녹슬지 않고 나를 빤히 내려다보고 있네 이십여

년 전 내 청춘 장례葬禮치뤄 주겠다고 과르릉 과르릉 청산별곡淸算別哭을 하고 있네

　　　　　　　　―「그때 나는 엘리베이터를 탔다」 부분

  시인을 키운 팔 할이 가난이고 외로움이고 바람이다. 삶―시간―세계가 가난으로 휘어지는 한 우리는 결코 행복한 존재가 될 수 없다. 물론 자본의 함수가 행복이라는 미지의 함수를 완벽하게 실현하는 것은 아니지만, 절대빈곤은 그 자체로 모든 불행의 원인이다. 시인은 ①에서 그 가난의 형상을 아주 리얼하게 그려내고 있는데, 그것은 "삼십 촉" 백열등만큼 어둡고 칙칙하다. 꿈도 희망도 "봉투"에 차압당한 삶의 형상을 세밀하게 소묘하면서, 김나영은 "지문이 닳도록 봉투를 붙였"던 사춘기 시절의 절망감을 애절하게 그려내고 있다. 산다는 것은 그리 녹녹하지가 않다. 아니 역으로 그리 녹녹하지 않은 것이 삶인 까닭에, 인간에게 허여된 삶―시간―세계가 신성하다고 말하는 것이 타당할지도 모른다. 왜냐하면 시인의 삶은 "봉투"의 풀질 속에 응고되어 있는 동시에 그 풀질 속에서 "등록금"이 나오고 "밥"이 나오기 때문이다. 하여 풀질은 신성하다. 아니 시인이 그 풀질에 저당 잡힌 삶의 형상을 암울한 시선으로 그려내고 있지만, 혹은 "너덜너덜한 삶을 풀칠하기" 위한 처절한 생존본능으로 형상화하고 있기까지 하지만, 살

아낙은 자의 몫은 삶을 지속하고 영위하는데 있다. 생존은 본질에 앞선다. 설령 그것이 "입 한번 벙긋하지 못" 한 채, 풀질만 했던 삶일지언정, 하여 자신의 존재감이 아직도 "그 방안"의 "식은 풀그릇"처럼 느껴지는 순간에도, 삶은 신성한 그 무엇으로 표상된다.

②는 시인의 가난한 현실의 원인을 "바람"에 응고시켜 "바람 잘날 없는 집"안의 모습을 세세하게 그려내고 있다. 헌데 이때 이 바람은 투명한 상승에의 의지를 구현하는 청명한 그 무엇으로 표상되지 않는다. 바람은 음탕하고 무책임하다. 바람은 아버지의 여성편력이다. 바람은 아버지의 몸에서 풍겨져 나오는 "양지바람꽃 냄새"다. 바람은 해체된 가정이다. 바람은 "상처"다. 바람은 "거꾸러"진 시인의 유년기의 소망이다. 헌데 "바람의 후예"로 성장한 "바람의 딸"은 바람의 시인이 되어 그 바람을 바람(wish)으로 치환시킨다. 바람막이 없는 저 풍비박산 난 바람의 집에서 스스로가 바람막이가 되어가고 있다.

인간이란 욕망하는 기계이거나 소망충족으로 휘어진 그 무엇이다. 헌데 ③은 절망의 나락으로 추락했던 스무 살 무렵의 젊은 날의 초상을 "그때"라는 특정의 시간에 응고시켜 과거와의 결별을 시도하고 있다. 때는 1980년 서울의 봄, 장소는 엘리베이터 안 혹은 서울역 광장. 한쪽의 데모 현장에선 최루가스가 휘날리고, 다른 한쪽에선 "퉁퉁 부어

오른 다리"를 하고선 지난한 일상을 살아가고 있다. 한쪽이 이념의 투쟁이라면, 다른 한쪽은 생활고와의 투쟁이다. 시인 김나영이 말한 것처럼, 실존은 이념에 앞설 뿐만 아니라, 본질에도 앞선다. 비록 시인이 스스로를 "욕망할 줄 모르는 기계"라고 언명하고 있지만, 하여 늘상 "얄팍한 월급봉투"에 삶을 연명하는 것조차 힘들게도 느껴지기는 하지만, 어찌 꿈을 망각할 수 있겠는가. "뒤태"를 훑어보던 "끈적끈적한 시선"들이 떠오른다. 하여 시인에게 "그때"는 "엘리베이터" 내부에 갇힌 수인의 시간이거나 꿈도 희망도 꿈꿀 수 없는 절망의 시간이다. 헌데 김나영은 "청춘"이라고 불리워지는 이십여 년 전의 "그때"를 "곡哭"을 하면서 "장례葬禮"를 치루고 있다. 과거와의 청산이 이루지지 않는 한, 시인의 시살이는 죽어있거나 닫히게 된다. 과거와 결별은 필연이다. 이제 과거의 고통의 시간에서 놓여났다.

① 책읽기의 궁극은 책으로 읽을 수 없는 것을 읽는 데 있다는 연암
 그대들은 검은 것을 읽지만 나는 흰 것을 읽는다는 윌리엄 블레이크
 나는 지금 이름도 모르는 어느 사진작가의
 동공의 깊이를 바라보고 있다

―「동공의 깊이」 부분

② 여러 생애가 한 생애를 결박하고 있다
여리고 풋내 나는 것들에게
가느다랗고 힘없는 것들에게
온몸 다 내주고 좌탈입망坐脫立亡에 들었다

―「바위」 부분

시인에게 "그때"란 문제적인 시간, "고통"과 "쾌락"이 서로 맞물린 "자웅동체"(「그때 만일 교과서가 더 재미있었더라면」)임에 틀림없다. 왜냐하면 시인의 시말길 전체는 고통 속에 투시된 삶―시간―세계의 숭고한 진경으로 휘어져 있기 때문이다. 하여 시인은 ①에서 연암과 블레이크와 어느 사진작가의 삶의 의식작용을 내밀하게 읽어내면서 존재의 깊이를 성찰하게 된다. 이를테면 시인의 시선은 자기에서 세계―내―존재물들로 이동하여 타자의 존재적 의미를 탐구하게 된다. "동공의 깊이"는 의미의 깊이이자, 세계의 깊이인 동시에, 시인이 지향해야만 하는 시말의 깊이기도 하다. 하여 깊이란 존재의 내적 깊이이자, 여백의 너른 벌판이기도 하다.

②는 그러한 시인의 마음결을 "바위"에 비유하여 언표하고 있는데, 그것은 슬픔과 고통의 시간의 승화된 시적

포즈이거나 이 세계의 여리고 나약한 존재에게 곁을 내어주는 시인의 포즈에 다름 아니다. 마치 "결가부좌" 틀고 앉아있는 "바위"처럼 의연하게 자신의 삶―시간―세계를 살아가겠다는 결의에 다지고 있음에 틀림없다. 이제 더 이상 과거의 시간이 시인의 영혼을 지배하지 못한다. 이제 앞으로 주어진 현재의 시간을 적극적으로 향유할 용기가 생겼다. 이를테면 시인에게 시쓰기란 상처와 대면인 동시에 그 상처를 치유하는 자기 구원행위인지도 모른다. 그런 의미에서 볼 때, 금번 상재한 『수작』은 시인 스스로를 위무하고 보듬어 안으면서 자신의 현재적 초상을 새롭게 정립하고 있다.

3. 일상성 혹은 사랑이 있던 자리

『수작』의 또 다른 특징적 국면은 사랑이었고 사랑이었다고 믿어졌던 자리를 지극히 일상적인 삶의 감각으로 이접시켜 새로운 시적 국면을 전개하게 된다. 대저 사랑했고, 사랑하던 자리에 무엇이 남는가. "사랑에 가속도"(「샛길」)가 붙고 "사랑의 이동경로에 사방 붉은 줄"(「비보호좌회전 앞에서」)이 쳐진 순간에도, 우리는 사랑을 어디로 이접시키는가. 사랑이 휘면, 삶이 되고 일상적인 생활이 된다. 말하자면 사랑은 강렬한 끌림이 만든 남녀간의 감정적 교감이 만들어내는 영육이 결합은 숭고한 제의이지만, 사랑은 스스로를 형질전환하여 다른 사랑으로 전이시킨다. 이를테면 시인 김나영은 사랑의 자리와 일상의 자리 사이를 교묘하게 이접 결합시키면서 사랑학을 인간학으로 치환시킨다.

> 삶의 매순간
> 고무장갑 끼고 해야 할 일이 있고
> 맨손으로, 맨몸으로 치러야 할 일이 있다
> 문명이 새로운 패러다임을 제시하여도
> 맨몸으로 치러야 할 영역이 있다
> 문명이 더 이상 근접하지 못하는
> 지성소, 맨살이라야 가능한 영역이 따로 있다
> 바느질을 하다가 나는 알타미라 동굴에서 가죽옷 깁던 한 여자를,
> 섹스를 하다가 수세기 후 태어날 어느 남자의 맨몸을 접속한다
> 맨살은 인류가 사용한 최초의 언어이자 최후의 언어이다
> 동과 서를 남과 북을 과거와 미래를 하나로 연결하는 네트워크다
> 보라, 당신의 손끝에 돌돌 말린 고감도 레이다망을!

―「네트워크」 전문

 사랑은 네트워킹이다. 사랑은 "맨손, 맨몸, 맨살"이 교감하는 감각이나 감정의 네트워킹이다. 하여 "맨"이라는 접두어는 훼손되지 않는 사랑의 원형질이거나 사랑의 절대적 순간이다. 비록 "문명"이 새로운 방식으로 사랑의 "패러다임"을 변환시키더라도, 사랑은 "맨"이라는 접두사의 욕동 위에서만 생성된다. 사랑은 '날것'이다. 아니 생짜가 아니고는 사랑이라고 말할 수 없다. 말하자면 "맨"이라는 접두어는 "지성소", 즉 아무도 범접할 수 없는 지극히 성스러운 존재의 심연이다. 눈과 눈이 마주치는 그곳에 "맨"이 있다. 하여 "맨"은 최초의 접속이 이루어지는 은밀한 공간이자, 인간학적 행위가 촉발되는 기의이자 기표이다. 아니 역으로 저 "맨"의 의식적 제의(Ritual)가 아니고서는 삶―시간―세계를 지속시킨다는 것은 불가능하다. 따라서 "맨"은 베르그송적 지속이자, 엘랑비탈이다.
 김나영 시인은 시「네트워크」를 통해서 존재사에 응결된 생명의 내밀한 운동을 들여다보고 있는데, 그것은 바로 "맨"에 기입된 원초적 본능이다. 헌데 이 시가 재미있는 점은 자기보존본능의 실현으로씨의 에로스적인 욕망을 가장 현대적인 문화적 코드로 이접시키고 있다는 사실에 있다. 삶―시간―세계란 그 자체로 네트워크다. 현재는 과거의 시간에 관한 인류학적 몽상이자, 미래로 이어진 통로이다. 우리는 이접이나 연접의 방식으로 시간의 선분 위를 종주하는 사랑의 형식이다. 물론 시말길 전체가 "섹스"와 "바느질"이라는 지극히 일상적 삶의 한 부분으로 휘어진 것만은 분명하지만, 시인은 그 말의 운동을 재차 휘어져 시간의 이전과 이후를 상상력으로 접속시키고 있다.

① 씀바귀닢 짓니겨 짓니겨 내 입술에 척척 올려놓을까, 아니

아니 니글거리는 숯불 내 입술에 한 삽 퍼 올려놓을까
―「키스」 전문

② 다친 마음이 초고속촬영을 하듯이 아물고 있었다
돈을 사랑하는 것이 일만 악의 뿌리라지만
그것은 두꺼운 성경책 안에서나 통하는 말
돈의 위력 앞에 뭉쳐있던 내 속과
눈꼬리가 순식간에 녹진녹진 녹아났다
―「나의 유물론」 부분

③ 마음을 놓치고 사랑을 놓치고 나이를 놓치고
내 꾀에 내가 넘어가고 말았습니다

암만 생각해도 이번 생은 패覇를 잘못 썼습니다
　　　　　　　　　　　　　　　—「사랑에 부쳐」 부분

　사랑은 늘 잔여 위에서 다음 사랑을 다시 도발하게 된다. 말하자면 사랑은 그 잔여 부분이 기술하는 몸의 언어이거나 그 잔여에 종속되고 매혹된 유혹이다. 헌데 ①은 그 사랑의 잔여 부분이 더 이상 사랑을 도발하지 않는 상황을 여섯 번의 의문형 종결어미 "—까"에 응고시켜 되묻고 있다. 만약에 사랑을 거부하거나 거부될 때, 사랑은 어디에 머무는가. 생명이 있어 살아 숨쉬는 한, 사랑을 사랑하는 것이 마땅하지 않는가. 헌데 김나영은 그 사랑의 전희단계인 "키스"조차 거부하는 태도를 취하고 있다. 왜 그런가. 왜 시인은 사랑 앞에 "바리케이트"를 치면서 사랑을 더 이상 사랑하지 않는가. 사랑의 색조가 변했기 때문인가, 사랑이 다른 사랑으로 옮겨갔기 때문인가.

　물론 그 답은 ②에서 발견할 수 있다. 사랑은 삶의 한 부분이다. 사랑은 더 이상 사랑 자체를 사랑하는 것이 아니라, 사랑이 속했던 일상적 삶 속에 내파되어 사랑 전체를 삶이라는 색조로 치환시킨다. "돈"이다. 사랑도 자본 앞에 굴복하고, 삶—시간—세계도 자본의 현란한 유혹 앞에 무릎 꿇고 만다. 하여 자본은 만족을 최적의 함수이자, 우리네 삶을 치유하고 위무하는 마물이다. 시인이 말한 것처럼 이해의 심급에 도달하지 못한 사랑이나 "다친 마음"과 "속내" 또한 자본의 굴절면 위에 봉합된다. 마치 "돈의 위력" 앞에 "눈꼬리"가 순해지고, "뭉쳐있던 속" 또한 녹아내리는 것처럼, 우리는 자본이라는 굴절면 위에서 일상적 삶을 살아가게 된다. "살랑살랑" "꼬리"를 흔들면서 자본 밑면으로 사랑을 잠입시키게 된다.

사랑은 찬연히 타올라 죽음에 이르는 욕망이다. 가장 완벽한 사랑은 단 한번의 사랑으로 완료된 죽음의 순간이다. 헌데 시인 김나영은 ③에서 자신이 처한 사랑의 자리를 불모에 지대에 위치시키면서 사랑의 불꽃을 활활 피우지 못한 삶―시간―세계에 대하여 반성하고 있다. 문제는 "꾀"다. 문제는 스스로가 만든 잔꾀에 넘어가 사랑 그 자체를 도발하지 못하게 된다. 사랑은 "머리"로 하는 것이 아니다. 사랑은 그저 "모르는 척" "뒤섞이"고, 한번에 "타오르"는 불꽃이다. 사랑은 사랑 자체를 사랑하는 전일한 감성의 체계이다.

　　이십 년 전 나는
　　당신밖에 없었는데
　　지금은 나 당신 밖에 있네
　　옛 맹세는 헌 런닝구처럼 바래어져 가고
　　사랑도 맹세도 뱀허물처럼 쏙 빠져나간 자리

25평도 아니야
32평도 아니야
사네
못 사네
내 마음의 공허가
하루에도 수십 번 이삿짐을 쌌다 풀었다 하네
—「이사」 부분

 사랑은 빛바랜 옛사랑의 그림자처럼 언제나 사랑하지 않음으로 휘어지게 된다. 삶도 휘고, 시간도 휘고, 끝내는 장밋빛 사랑의 색조마저 탈색시켜 더 이상 사랑을 사랑하지 않게 된 순간, 우리는 무엇으로 사는가. 결별을 위한 이 사인가, 새로운 사랑의 욕동인가. 허나 빛바랜 "옛 맹세" 혹은 물결치는 "마음의 공허". 대저 사랑이 떠났다고 믿어지는 순간에, 우리는 삶―시간―세계를 무엇으로 채우는가. 시 「이사」는 사랑의 현재와 과거 사이를 "안"과 "밖"으로 비유하면서 여성적 사랑의 행태에 관하여 진술하게 그려내고 있다. 어쩌면 시인이 말한 것처럼 당신이라는 이름의 남자의 안과 밖에 열렬했던 사랑이 위치하는 것만은 분명하지만, 사랑을 사랑했던 그 모든 순간들은 "사네/ 못 사네"로 귀결되는 사랑의 균열을 맞이하게 된다.

 그렇다면 우리는 사랑이 떠난 자리에 혹은 "하루에도 수십 번 이삿짐을 쌌다 풀었다"하는 반복적 갈등의 자리를 무엇으로 메꾸는가. 분명 시인 김나영은 지천명의 나이에 접어든 자신의 삶―시간―세계를 일상적 삶과 여성적 사랑의 태도로 키질하면서 자신의 존재론적 위치를 점검하고 있다. 그런 의미로 볼 때, 금번 상재한 『수작』은 시인의 과거의 상흔의 지대를 위무하면서 현재적 사랑의 지대를 일상성이라는 삶의 열도로 가득 채우면서 자신의 자화상을 엿보고 있다.

4. 이미지의 실재의 거리 : 나는 누구인가

21세기는 이미지가 실재를 대신하는 그야말로 시뮬라크르의 천국이다. 이미지는 하나의 상품이자, 판단의 기준이다. 우리는 이미지로 사유하고, 그 이미지에 현혹되어 그것을 실재처럼 인식하는 경향이 있다. 헌데 시인 김나영은 자신의 이미지와 실존적 실체 사이를 다양한 의식적 층위로 사유하면서 '나'의 존재적 위치를 탐색하고 있다. 필명(김나영)과 실명(김점숙) 사이에 무엇이 가로놓여 있는가, 실재인가, 이미지인가. 아니 시인의 이러한 시적 사유를 비추어볼 때, 우리는 우리의 존재적 의미를 어느 쪽으로 휘어지게 만들어야만 하는가. 우리는 실재인가, 가상인가.

지젝이 『매트릭스로 철학하기』에서 실재와 가상적 이미지 사이를 "상징계―상상계―실재계"라는 삼각형으로 논증했을 때, 나는 나의 존재론적 정체성을 어디에 응결시켜야만 하는가. 시인의 시말길 전체는 나의 이접이자 연접이다. 나는 이미지와 실재 사이에서 존재론적 고민에 휩싸이는 자이거나 이 양자의 굴절면 위에 기술되는 애잔한 초상이다.

> 이름 하나 바뀐다고 본질이 뭐 크게 달라지겠나 싶겠냐만
> 말의 결과 이미지가 나를 사육하고 있다
> 나는 이미지의 포로다
> 거울 속의 내가 때때로 낯설게 보이는 것은
> 점숙과 나영의 이미지가 끊임없이 굴절하기 때문이다
> ―「내 이미지에 대하여 1」 부분

名이 命을 결정하는 경우가 비일비재하다. 말하자면 이름은 단순한 이미지로 존재하는 것이 아니라, 인간학적 운명을 결정할 수도 있다. 헌데 시인은 "점숙과 나영" 사이에 기입된 이미지의 역동적인 운동을 시말로써 응결시키면서 이미지의 "본질"을 사유하고 있다. 엄밀히 말해서 이름은 실재를 대리표상하는 하나의 이미지에 지나지 않다. 비록 점숙과 나영이라는 이름 사이에 인간학적 거리가 존재하

기는 하지만, 하여 이름의 음가와 그 의미적 거리 사이에 "뉘앙스"가 존재하는 것 또한 사실이지만, 시인은 이미지가 존재의 본질을 결정한다고 생각하고 있다. 이를테면 일련의 「내 이미지에 대하여」 연작은 이미지와 실재 사이에 존재하는 간극을 섬세한 시선으로 옴쳐내면서 이미지 속에 응고된 자신의 존재론적 위치를 반추하고 있다.

점숙과 나영이라는 이름 사이에 존재하는 이미지의 거리가 삶―시간―세계를 결정할 뿐만 아니라, 문학적 삶 또한 형성하게 된다. 헌데 「내 이미지에 대하여 1」이 재미있는 이유는 실체로써의 김점숙, 이름으로써의 김점숙, 그리고 시인으로써의 김나영 사이의 인간학적 토포스(topos)를 이미지 관계로 추동하고 있다는 사실이다. "말의 결과 이미지"가 시인을 "사육"하고, "이미지의 포로"로 존재하게 만들듯이, 실재와 이름과 이미지 사이에 존재하는 굴절면을 투시하면서 스스로를 새로운 존재로 변이시키고 있다. 그것은 역으로 이미지가 주체의 위치를 결정할 수 있다는 말과 같다.

① 사방 모서리가 닳고 닳은
이제는 뻑뻑해서 잘 여닫히지 않는
남편이 이십 년 전 길 가다 주워
집안에 들여다 놓은

헌 서랍장만 같아서

나는

　　　　　　　—「내 이미지에 대하여 3」 부분

② 같은 대사 반복하고 또 반복하는

대사보다 독백이 더 많은

다음 장면이 예측될 때가 더 많은

언젠가는 이 집이 울컥 토해 버릴지도 모를

꿈속까지 상영되는

편집 불가능한

지긋지긋한

다큐멘터리

　　　　　　　—「내 이미지에 대하여 4」 전문

③ 하나 둘 셋… 늘어가는 나를 상쇄시킬 목록들

내게서 한번도 떠난 적 없지만 나는 나로부터 점점 멀어지고 있다

　　　　　　　—「내 이미지에 대하여 5」 부분

이미지가 삶을 결정하고 존재의 위치 또한 결정한다. 하여 이미지는 보드리야르적 가상도 아니고, 허구는 더더욱

아니다. 이미지는 인간의 존재방식이거나 인간학적 위치이다. ①은 일상적 삶에 응고된 시인 자신의 자화상을 섬세한 필치로 그려내고 있는데, 김나영은 스스로를 "헌 서랍장"으로 이미지화하고 있다. "궁상맞은 집안 내력"을 "체념"으로 승화시키면서 자신의 존재론적 위치를 체념 밑으로 가라앉힌다. 김나영 시인의 일련의 연작들은 허구적 가상의 이미지들의 유희를 감행하는 시말운동이 아니다. 그것은 삶 내부에 기입된 인간학적 포즈이거나 삶이 결정한 이미지들이다. 하여 시인의 이미지운동은 기표의 현란한 말—사태가 빚어내는 언어적 제의가 아니라, 삶이 체현된 지극히 인간적인 음영이나 주름에 다름 아니다. 시인에게 이미지는 삶이고 실질이다.

②는 "반복"이 지배하는 일상적 삶을 "다큐멘터리"로 비유하면서 자신이 처한 이미지를 사유하고 있다. "전전긍긍"하는 삶—시간—세계의 인간학적 잔영들을 "365일 상영"되는 반복적 상황으로 비유하면서 시인은 삶의 현상을 자신의 이미지로 응결시키고 있다. "편집 불가능한" "꿈 속" 같은 반복의 행태를 굽어보면서 반복 이미지가 삶임을 예증하고 있다. 우리는 삐거덕거리는 "독백"의 전언이다. 우리는 "잘못"이다. 우리는 가끔 "멈춰있는 시간"으로 존재하다가 "지직"거리게 된다. 우리는 기승전결의 반복이다. 어쩌면 시인 김나영에게 있어서 이미지란 자신을 응결

시킨 존재의 반영이거나 생이 처한 인간학적인 운명인지도 모른다. 왜냐하면 이미지의 운동은 그 자체로 삶이 환원된 의미의 범주이기 때문이다. 따라서 시인 앞에서 열거된 수많은 이미지들은 삶―시간―세계의 주체이거나 삶이 현상하는 방식이다.

③은 나의 안과 밖을 주밀하게 살펴가면서 그 안과 밖에 존재하는 이미지의 형상들을 다양한 동식물의 이미저리로 비유하고 있다. 헌데 이 시가 문제적인 이유는 삶―시간―세계 속에 내재된 이미지의 복제력에 있다. 시인에게 이미지란 내적 자아의 외적 표현의 매개물이거나 일종의 페르조나에 다름 아니다. 우리는 수많은 가면을 쓰고 산다. 비록 시인이 다양한 이미지를 통해서 자신의 내면세계를 간접적으로 드러내고 있지만, 하여 저 여리고 순결한 마음의 자리가 "철면피"가 되고, "눈초리"가 점점 매서워져 가는 것 또한 사실이지만, 시인 김나영은 나의 나뉨이 무엇인지를 이미지화하고 있다. 어쩌면 우리 모두는 다중성의 얼굴을 치장하고서 스스로를 위장 기만하고 있는지도 모른다. 이미지에 현혹되어 이미지가 자신의 실질이라고 생각하면서 우리는 그렇게 한 세계를 살아가고 있다. 헌데 시인 김나영은 그러한 이미지의 정체를 하나하나 "목록"으로 작성하면서 자신의 존재적 이미지를 "상쇄"시켜 가고 있다. 이미지 목록은 융적인 의미의 진정한 자기(Self)로부터 멀

어지는 페르조나이다. 마치 삶이 가면을 쓰고 살아가는 일련의 운동으로 짜여져 있는 것처럼, 시인은 자신에게 부과된 이미지의 정체를 탐문하면서 진정한 자아가 무엇인지를 탐문하고 있다.

> 그날 이후 나는 모자를 마음에 쓰고 산다
> 어디에 내려놓지도 걸어 두지도 못하는 모자
> 나를 이러지도 저러지도 못하게 하는 모자
> 요즈음엔 잠들 때도 벗지 못하는 모자
> 모자를 벗은 내가 나인지, 모자를 쓴 내가 나인지 나도 헷갈릴 때가 있다
> 지독하게 속이면 내가 속고 만다
> ―「모자」 부분

우리는 자신의 정체가 무엇인지 잘 모른다. 우리는 가면의 존재이다. 우리는 장자의 호접몽처럼, 자신의 존재론적 위치를 착각하게 된다. 우리는 내가 나인 나로 존재하는 그 이유를 정확하게 모를 뿐만 아니라, 내가 가상일지도 모른다는 환상에 휩싸인다. 시「모자」는 모자를 하나의 시적 페르조나로 이미지화하면서 자신의 존재 이미지에 관하여 심도 있게 고찰하고 있다. 일종에 모자는 시인의 "방패"이자, "무기"이다. 하여 모자는 이미지의 변신이거나 새로운

존재의 개현이다. 그것은 역으로 우리가 모자를 통해서 서로가 서로를 기만하고 있을지도 모른다는 가정을 성립시킨다. 왜냐하면 모자─페르조나는 공인된 사회학적 코드 기호이거나 상호 기만성의 암묵적인 승인이기 때문이다. 모자를 쓴 나와 모자를 벗은 나는 다른 나이다. 하여 나의 나됨은 내 안에 존재하는 것이 아니라, 나를 표출하는 이미지가 나를 구속하고 나의 나됨을 증명하게 된다. 허나 그러한 이미지의 운동에도 불구하고 우리는 자기를 찾아떠나는 운동이다. 나는 무엇인가를 외치면서 나는 나의 나됨을 성찰하게 된다. 하여 금번 상재한 『수작』은 나(시인 자신)와 나의 이미지를 변화무쌍하게 변주 키질하면서 과거의 상흔과 사랑의 지대를 치열하게 종주하고 있다.

5. 글을 나오며

한 시인에게 두 번째 작품집은 첫 번째의 그것보다 과도한 짐을 짊어지게 된다. 하여 두 번째는 항상 시살이의 변곡점이거나 시인의 시적 정체성이 형성되는 요긴한 과제를 안고 있다. 헌데 다음의 「극빈」이라는 시는 자연인 김점숙이 훌륭한 시인 김나영으로 거듭 태어날 수 있는 가능성이 무궁무진하다는 사실을 깨달은 아름다운 시이다. 床과

像 사이를 교묘하게 가로지르면서 시인 김나영은 자신에게 허여된 삶—시간—세계 전체를 시말로써 응결시킬 수 있다는 깨달음에 경지에 도달하게 된다. 설령 아직도 과거의 상흔이 남아있기는 하지만, 시인은 자신에게 부과된 과거의 가난과 고통을 세계 속에 기입된 시말로 승화시켜가면서 시말의 면모를 일신시켜가고 있음에 틀림없다.

    시 쓰는 내게 책상 하나 없다

    나는 바닥에, 거리에, 꽃잎 위에 엎드려 시를 쓴다

    머리 속 상像을 접으니

    세상에 널린 게 책이고 상이다

—「극빈」 전문